WORDS FOR THE ROAD IV
107 short reflections and puns

ORD MED PÅ VEIEN IV
107 korte refleksjoner og ordspill

Other books written by George Manus:

THOUGHTS, English
TANKER, Norwegian

REFLECTIONS I, English
REFLEKSJONER I, Norwegian

REFLECTIONS II, English
REFLEKSJONER II, Norwegian

REFLECTIONS III, English
REFLEKSJONER III, Norwegian

A WOMAN'S MANY MIGRATIONS, English
EN KVINNES MANGE FLYTTINGER, Norwegian

INNOVATIONS AND CREATIONS, English

THE MAX MANUS COMPANIES -70 years in communication, English
MAX MANUS FIRMAENE - 70 år i kommunikasjon, Norwegian

WORDS FOR THE ROAD   ORD MED PÅ VEIEN   English - Norwegian

WORDS FOR THE ROAD   ORD MED PÅ VEIEN II   English - Norwegian

WORDS FOR THE ROAD   ORD MRD PÅ VEIEN III English - Norwegian

ISBN: 9788743010920

FSC
www.fsc.org
MIX
Papir fra
ansvarlige kilder
Paper from
responsible sources
FSC® C105338

Author: George Manus
2019 © George Manus
Design and layout: Ole Praud
Illustrations: Laura Hamborg

Printing: BoD, Norderstedt, Germany

Publisher: BoD, Copenhagen, Denmark

e-mail: george.manus@maxmanus.com
Homepage: www.george-manus.jimdo.com

Preface

The first three "WORDS FOR THE ROAD" I dedicated respectively to "Coincidences" with 114, "Inspiration" with 117 and "Time" with 121 short reflections and puns.

As my four lucky numbers are 7-14-17 and 21, as you understand, 7 is missing.

This "WORDS FOR THE ROAD IV", which contains 107 short reflections and puns, I have therefore dedicated to the "Marquises", which one will only understand when reading the reflection Marquises from page 15.

Since most of the content was first written in Norwegian and then translated into English, I ask the readers to be overbearing when it comes to the English presentation which often does not get quite the same rhythm and meaning as the Norwegian. As in the previous three "WORDS FOR THE ROAD", the table of contents are presented in alphabetical order both in English and Norwegian. In the book the 107 English comes first, with the corresponding Norwegian next to it.

If you should get the feeling that you've heard some of them before, I assure you it was never my intention to plagiarize.

I thank Laura Hamburg for the illustrations and my friend Ole Praud for the consultancy work.

The South of Spain
August 2019
George Manus e-mail: george.manus@maxmanus.com

Forord

De første tre "ORD MED PÅ VEIEN" dedikerte jeg til henholdsvis "Tilfeldigheter" med 114, "Inspirasjon" med 117 og "Tiden" med 121 korte refleksjoner og ordspill.

Ettersom mine fire lykketall er 7-14-17 og 21, mangler som man forstår 7.

Denne "ORD MED PÅ VEIEN" IV, som inneholder 107 korte refleksjoner og ordspill, har jeg derfor dedikert til "Markisene", noe man kun vil forstå når man leser refleksjonen Markisene som er gjengitt fra side 23.

Det meste av innholdet er først skrevet på norsk og deretter oversatt til engelsk, så jeg ber leserne være overbærende når det gjelder den engelske presentasjonsformen, som ofte ikke får helt den samme rytmen og meningen som den norske.

Som i de tidligere tre "ORD MED PÅ VEIEN", presenteres innholdsfortegnelsen i alfabetisk rekkefølge både på engelsk og norsk. I boken kommer de engelske først, med de korresponderende norske ved siden av.

Hvis du har følelsen av at du har hørt noen av dem før, garanterer jeg at det aldri har vært min tanke og plagiere.

Jeg takker Laura Hamborg for illustrasjonene og min venn Ole Praud for konsulentarbeidet.

Syd Spania
August 2019
George Manus e-mail: george.manus@maxmanus.com

5

Content

Innhold

The four solar seasons

Spring
The sun is eager to make its way high up in the sky and inspire all living things to reach for it.

Summer
The sun wanders directly across the sky, in the middle of the neutral zone between spring and autumn.

Autumn
The sun is pulled down towards the horizon, into autumns inevitable embrace.

Winter
The sun lets go of its promise of warmth and settles for its illuminating clarity.

1994

The sunscreens

August 2017

I see no reason to keep my lucky numbers secret. Everyone is free to use them in any situation,

They are 14 and 17. From the moment I became conscious about lucky numbers I chose these two.

As time went by I added 7 and 21. However, I did stick to the first two, as four was too much to keep in order.

Then, have they been my lucky numbers?

Yes, I mean they have. Although I've never kept any statistics, and it's ages since I bought the last lottery ticket and participated in any form of gambling, I still believe in the numbers fourteen and seventeen.

My wife has no lucky numbers, as she already early in life thought she wasn't a winner in lottery.

What on earth has sunscreens to do with my lucky numbers you may ask?

This is the story:
Where we live in Valle del Este in the South of Spain, we early discovered that the sun, which we have more of than in most places in Spain, already at lunchtime

15

covers the whole terrace, and the longer into the afternoon and early evening, the more of it we get into the living room.

Immediately after we moved in we built what we call a "summer-launch", covering one third of the terrace. It is placed parallel to the main launch, and reduced the terrace in front to 4 x 15 meters

The "summer launch" is constructed by aluminium profiles, with sliding doors in front and partly glass-walls in the back and on the side opposite the main launch.

The roof is made by milky plastic, as golf-balls every now and then tend to make us a visit.

Soon we experienced that the heat became unbearable if the window and sliding-doors were closed, so very soon we installed a sunscreen under the roof. This became a great help in keeping the sun out, but didn't at all cool down the room.

So far, we have done nothing with this challenge, but realize that the plastic roof must be changed.

The terrace in front of the main launch is equipped with decorative cement beams.

Enabling the garden furniture to be kept there regardless of the weather we installed a plastic roof above the cement beams, the same type as in the "summer-launch".

Is it something about adapting, that one must first experience before one decides what to do to make life more pleasant?

In the beginning, we acquired two parasols with cemented movable foundations.

To avoid direct sun when we sat on the terrace, these were moved around in line with the sun's invariable migration over the sky, at the same time as changing wind directions had to be taken into consideration to avoid them tilting.

Anyhow, they were not easy to move, particularly as the foundations were heavy and the parasols were placed under the decorative cement beams.

Only one summer-season passed after the roof was put in place, before a retractable sunscreen, the size of the roof, was installed.

This covered half the terrace of 4 x 15 meter and provided shadow into the afternoon and early evening.

As with most sunscreens in our part of the world, they are in front equipped with a decorative "wave".

Sitting under it, independent of it being day evening or night, we have a feeling of intimacy.

As mentioned, it gave us good sun protection through the day and the early afternoon, but from then on until sunset we were strongly exposed.

As our daily activities away from home normally prevented us from using the terrace during the day, we mainly used it in the afternoon and evenings. We then got the feeling of intimacy but no protection from the sun.

One evening I sat on the terrace philosophising about what next to do to protect us from the late afternoon and evening sun, and as the sunscreen was pulled out I happened to look at its decorative front.

For unknown reasons I started counting the "waves", and regardless doing it from right to left or reversed I came to fourteen.

Surprised and happy I was reminded of my lucky number but didn't dwell more about it.

The obvious and best solution was a front sunscreen, which in a closed rolled up position could be placed between the two cement pillars on each side in front of the terrace. It could be cracked down to 90 degrees and thereby give shelter from the intense afternoon and evening sun.

It would obviously be about a meter narrower than the roof sunscreen, but including the cement pillars it would do the job perfectly.

With these thoughts in mind I decided to contact the supplier.

After sun set, when closing the window and the sliding-doors in the "summer-launch", I thought about the fourteen "waves" on the terrace sunscreen, and took a closer look at this one.

After counting, again from both sides, I came to seventeen, the same as my other lucky number. Well, there was a difference in with between the terrace sunscreens and this one, but that it ended up with three more "waves"and became seventeen was quite interesting.

Well, after all, both my lucky numbers could be no harm I thought.

Ordering the front screen for the terrace, it turned out that the company had changed owner and name. However, everything went well both with measuring, quote and order, and to our satisfaction they installed the sunscreen two to three weeks later.

We now had the perfect solution and could, with the crank, adjust it according to the suns movement.

Although also this screen had the traditional "wave" decoration, I only at a much later time came to think about it. Quite right – I counted fourteen "waves".

Two lucky number fourteen and one seventeen. All good things come in trees - better it couldn't be I thought.

As you may have understood, my wife is not particularly interested in these things, so consequently I didn't involve her in these coincidences.

Now, only one third of the terrace was without sunscreen. That part of the terrace is where our outdoor dining-table is situated. If we take of the chair pillows, both the table and the chairs will resist the rear rain we get.

Inside we have a dining-table seating four, but as we seldom have guests we hadn't until this time prioritized any sunscreen on this terrace.

Having been accustomed to the intimacy having a sunscreen roof over our head, we ultimately decided to put one up also on this last part of the terrace. As it's not a sitting area and eventual dinners anyhow would take place after sunset, there was no reason to protect it from the afternoon sun.

New contact with the supplier, which again delivered at right terms and time. Admittedly, he didn't match the grey tone perfectly, but then, one can't expect every ting to go according to plan.

This screen definitively makes the terrace complete, fulfilling all our needs.

Even if this screen in no way have the same measurement as the others, I probably don't need to mention that also this had the decorating "waves" in front, and guess how many? Seventeen of course.
Two times fourteen and two times seventeen "waves" on four sunscreens, all installed at different times over a few years by two different suppliers.

Now it only remains to see if this gives a jump on the statistic of luck.

LUCK

I sympathize with the fact that, in many contexts, one can influence one's own Luck, but take reservation that it applies to lottery, gambling or similar.

February 2019

LOTTERY

It's many ways of squeezing money out of the ones having to little of it. Lottery of all kinds is the answer. 80 percent spend part of their hard-earned money with very few winnings, while 20 percent don't believe in that way to make fortunes.

April 2019

De fire årstider

Vår

Solen ivrer etter å stige på himmelen og inspirerer alt liv til å strekke seg etter den.

Sommer

Solen spaserer rett over himmelen, mitt i nøytralitet-sonen mellom vår og høst.

Høst

Solen blir trukket ned mot horisonten, i høstens ufravikelige favntak.

Vinter

Solen gir opp sitt varmende budskap og nøyer seg med sin opplysende klarhet.

1994

Markisene

Juni 2017

Jeg ser ingen grunn til å holde mine lykketall hemmelig. Det står alle fritt å benytte dem i enhver situasjon hvor de måtte ønske det.

De er 14 og 17. Helt fra jeg ble bevisst om det med lykketall valgte jeg disse to, men hadde i tillegg 7 og 21. Etter hvert ble det vel for mye å holde styr på, så nå holder det med de to midterste.

Har de så vært mine lykketall? Uten å kunne vise til statistikk mener jeg det, så selv om jeg så godt som aldri kar kjøpt lodd eller gamblet holder jeg stadig på 14 og 17 som mine lykketall.

Min kone har ingen slike, sier hun, fordi hun allerede veldig tidlig i livet kunne konstatere at hun ikke var en vinner i lotteri. Ja -ja, henne om det.

Hva i all verden har så mine lykketall med markiser å gjøre?

Her kommer historien:

Der vi bor i Valle del Este i Syd Spania oppdaget vi tidlig at solen, som vi har mer av her enn de aller fleste steder i Spania, allerede ved lunch-tider dekker hele terrassen og jo lenger ut på ettermiddagen jo mer direkte får vi den inn i stuen.

Allerede umiddelbart etter at vi flyttet inn, fikk vi satt opp det vi kaller "sommerstuen", som dekker en tredjedel av terrassen. Den går parallelt med stuen, slik at det foran disse nå er en terrasse på 4 x 15 meter.

"Sommerstuen" består av aluminiums-profiler med skyvedører i front og delvis glassvegger bak og på den ene siden, samt et gjennomsiktig plast-tak.

Det viste seg snart at varmen ble uutholdelig hvis ikke vindu og skyvedører stod på vidt gap, så vi installerte en markise under plast-taket, som kunne trekkes frem etter ønske.

Denne ble til glede som skyggeskaper, men hjalp ikke på noen måte når det gjaldt varmen.

Den utfordringen har vi enda ikke gjort noe med, men innser at det er plasttaket som må skiftes.

Terrassen foran den opprinnelige stuen var fra starten utstyrt med dekorative sement-bjelker.

For å kunne la hagemøblene bli stående når det en sjelden gang kommer en regnskur, fikk vi installert et gjennomsiktig tak av samme typen som det som dekker "sommerstuen".

Det heter at man lever seg til og at man først må erfare før man tar stilling til hva som må gjøres for å lage tilværelsen enklest mulig og mest behagelig for seg og sine.

24

Det startet med at vi anskaffet to sol-parasoller med sementerte flyttbare fundament.

For å unngå direkte sol når vi satt på terrassen, ble disse flyttet rundt i takt med solens ufravikelige vandring over himmelen, samtidig med at hensyn ble tatt så de forskjellige vindretninger ikke blåste dem over ende.

En annen sak var at de var tunge å flytte på og at de var plassert under de dekorative sementbjelkene.

Det gikk bare en sommersesong etter at plasttaket kom på plass, før vi under sementbjelkene fikk installert en uttrekkbar markise like stor som taket.

Med denne uttrukket hadde vi skygge over halve terrassen til langt ut på ettermiddagen.

Som med markiser flest i vår del av verden er de utstyret med en dekorativ bølgelignende front.

Markisen gav oss som nevnt fin beskyttelse mot solen hele formiddagen, men etter det, fra tre fire tiden og frem til solnedgang, hadde vi til gjengjeld solen rett inn på sittegruppen.

Ellers gav markisen en god intim følelse.

Ettersom våre dags-aktiviteter normalt forhindret oss i å benytte terrassen om formiddagen, ble den for det meste brukt senere på dagen.

Med andre ord, markisen skapte fin intimitet men som solskjermingen hadde vi ingen glede av den utover ettermiddagen og fram til solnedgang.

En dag satt jeg på terrassen og filosoferte over hva det

neste tiltaket skulle bli for å skjerme ettermiddagssolen.

Jeg hadde den dekorative fronten av markisen rett i synsranden.

Uvisst av hvilken grunn kom jeg til å telle antall "bølger". Uansett om jeg talte fra venstre til høyre eller omvendt, endte jeg på fjorten.

Tilfreds tenkte jeg på mitt lykketall uten å legge mer vekt på det.

Jeg så klart for meg at en front-markise ville passe mellom de to brede sementsøylene på hver side i front av terrassen. Fra 0 til 90 grader utslått, ville den kunne skjerme for ettermiddagssolen i takt med dens vandring mot avsluttet dag.

Denne markisen ville bli vel en meter smalere enn tak-markisen, men totalt med sementsøylene ville den gjøre jobben perfekt.

Med disse tankene bestemte jeg meg for å kontakte markise-leverandøren.

En dag jeg etter solnedgang skulle lukke vinduet og skyvedørene i "sommerstuen", kom jeg til å tenke på de fjorten "bølgene" på terrassens markise og tok en nærmere titt på denne.

Det merkelige er at jeg egentlig ikke ble forbauset da jeg etter å ha gjentatt tellingen kom til at denne hadde sytten "bølger".

Nå ja – ett av hver av lykketallene kan det vel ikke være noe galt med tenkte jeg uten å legge mer i det.

Det viste seg at markise-leverandøren hadde skiftet

navn og eiere, men alt gikk greit med oppmåling, tilbud og bestilling.

To – tre uker senere ble markisen montert til vår fulle tilfredshet.

Vi hadde nå den perfekte løsning, hvor vi ettersom solen senket seg på himmelen, med et par tak med sveiven kunne tilpasse sol-inntaket etter ønske.

Til tross for at også denne markisen hadde den tradisjonelle dekor "bølgen", var det først på et langt senere tidspunkt jeg kom til å tenke på den. Ganske riktig, jeg talte fjorten "bølger".

To lykketall fjorten, og ett sytten. Alle gode ting er tre, bedre kunne det ikke bli tenkte jeg.

Som man har forstått er ikke min kone særlig opptatt av slike ting, så jeg involverte henne ikke i disse sammentreffene.

Nå var det bare en tredjedel igjen av den opprinnelige terrassen som ikke hadde noen form for solskjerming. På denne del av terrassen står vårt spisebord, som godt kan tåle en liten skur bare vi tar inn seteputene på stolene.

Inne har vi et lite spisebord med plass til fire, og ettersom vi sjelden har gjester har det ikke tidligere vært noen prioritering å sol-skjerme denne del av terrassen.

Vi var blitt vant til intimiteten under markise-takene og valgte nå i vår å anskaffe enda en markise, slik at også denne siste del av terrassen kunne skjermes for solen.

Ettersom dette ikke er et sitte-sted, og middagene uansett ble inntatt etter solnedgang, var det ingen grunn til å skjerme ettermiddagssolen.

Vi så for oss lunchene inntatt under markisen, som skulle dekke hele denne del av terrassen.

Det ble ny kontakt til leverandøren, som igjen leverte til avtalt pris og tid.

Riktignok traff han ikke helt når det gjaldt gråtonen, men man kan ikke forvente at alt skal gå etter planen.

Denne markisen trekker vi ut og inn alt etter vær og vind og den er definitivt med på å skape en helhet på terrassen.

Uten at det på noen måte er samme bredde på denne og noen av de andre markisene, behøver jeg vel ikke å nevne at denne også hadde dekor "bølger" i fronten – sytten i tallet.

To ganger fjorten og to ganger sytten dekor "bølger" på fire markiser, alle installert på forskjellig tid og av to forskjellige leverandører.

Nå gjelder det bare å følge med og se om dette gir uttelling på lykkestatistikken?

LYKKE

Jeg sympatiserer med at man i mange sammenhenger selv kan påvirke sin egen Lykke, men tar forbehold om at det gjelder i lotteri, gambling og lignende.

Februar 2019

LOTTERI

Lotteri i alle former er svaret på hvordan man kan skvise penger fra dem som har for lite fra før.
80 prosent bruker deler av sine hardt opptjente midler med håp om formuer, mens de resterende 20 prosent ikke tro på den måten å tilføre seg rikdom.

April 2019

EXPERIENCES ABOUT OPINIONS

In your daily life you should keep your Opinions closer to your chest and don't be so concerned about what others think.

They have enough with their daily challenges and therefore enough with their own Opinions.

December 2010

SELF-ASSESSMENT AND SELF-CRITICISM

The best way to become a better person is honest Self-Assessment checked through Self-Criticism.

December 2010

SELF-PRESERVATION

In general, we believe we have better qualities than we have, that we are a little bit better than we are and that we have a clearer view than most others.

December 2018

ERFARINGER OM MENINGER

I det daglige bør man holde sine Meninger tettere til brystet og ikke være så opptatt av hva andre mener.

De har nok med sine daglige utfordringer og derfor nok med sine egne Meninger.

Desember 2010

SELVBEDØMMELSE OG SELVKRITIKK

Den beste måten å bli et bedre menneske på, er ærlig Selvbedømmelse kontrollert gjennom Selvkritikk.

Desember 2010

SELVOPPHOLDELSESDRIFTEN

Generelt tillegger vi oss bedre egenskaper enn vi har, mener vi er litt bedre enn vi er og har et klarere syn på det meste enn de fleste.

Desember 2018

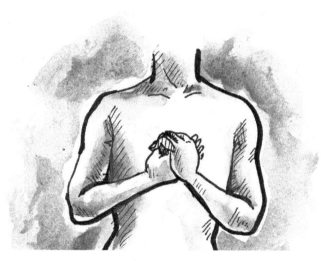

Erfaring om meninger
Experience about opinions

Laura Hamborg

Tyngdekraft
Gravity

Laura Hamborg

SELF - CRITICISM
Most of us think we are Self-Critical. We don't like to be criticized, so when we criticize ourselves it stays between us and our own conscience.

December 2018

TOUCHY
To be Touchy is human, but certainly a weakness.

December 2018

EXPERIENCES AND CONSCIOUSNESS
One should think about what Experiences one has gained in life and raise Consciousness of the ones one considers having been of importance to one's development.

October 2013

SELVKRITIKK

De fleste av oss mener vi er Selvkritiske. Vi liker ikke å bli kritisert, så når vi kritiserer oss selv blir det mellom oss og vår egen samvittighet.

Desember 2018

NÆRTAGENHET

Å være Nærtagende er menneskelig, men bestemt en svakhet.

Desember 2018

ERFARING OG BEVISSTHET

Man bør tenke gjennom hvilke Erfaringer man har gjort seg i livet og Bevisstgjøre de man mener har vært av betydning for ens utvikling.

Oktober 2013

IMAGINATION II
Challenges can not be avoided by suppressing the Imagination.

March 2014

SECRETS II
The most important Secrets belong to the nature. More and more of them are revealed, but it becomes like a drop in the ocean.
There must be infinite many of them and that's good.

April 2012

COMMUNICATION II
You improve the understanding by recognizing that details and shades are needed for a balanced Communication.

October 2013

FANTASI II

Man kan ikke unngå utfordringer ved å kneble Fantasien.

Mars 2014

HEMMELIGHETER II

De mest betydningsfulle Hemmeligheter er det naturen som sitter på. Stadig flere blir avslørt, men det blir som en dråpe i havet.
Det må være uendelig mange av dem og godt er det.

April 2012

KOMMUNIKASJON II

Man bedrer forståelsen hvis man erkjenner at det ofte er detaljer og nyanser som skal til for en balansert Kommunikasjon.

Oktober 2013

COMPROMISE AND HONESTY

There is no point in Compromising Honesty, as it's only a question of time before the disclosure comes with unexpected and usually unpleasant consequences.

April 2014

LOVE II

Love based on false feelings has nothing to do with real Love.

April 2014

CONFIDENCE AND SECURITY

Confidence and Security are factors that make it possible to open for emotions.

April 2014

FEELING FOR OR WITH

Feeling For someone is very different from Feeling With someone.

April 2014

KOMPROMISS OG ÆRLIGHET

Det er ingen vits i å gå på Kompromiss med Ærligheten, da det kun er spørsmål om tid før avsløringen kommer og da med uventede og som regel ubehagelige konsekvenser.

April 2014

KJÆRLIGHET II

Kjærlighet basert på falske følelser har intet å gjøre med virkelig Kjærlighet.

April 2014

TILLIT OG TRYGGHET

Tillit og Trygghet er faktorer som skal til for å åpne for følelser.

April 2014

FØLE FOR ELLER MED

Å Føle For noen er svært forskjellig fra å Føle Med noen.

April 2014

THREE TYPES OF FEELINGS

It is easy to describe other persons as either without Feelings, with cold Feelings or warm Feelings.

It's more problematic with the correctness of the answer should one describe oneself.

April 2014

IGNORANCE

To "express oneself against better knowledge" is considerably widespread.

October 2013

FREEDOM OF EXPRESSION

Freedom of Expression, does not mean that because one has an opinion about something one must always express it, put things on the tip, and stand on the barricades for it.

April 2013

TRE TYPER FØLELSER

Det er enkelt å beskrive andre personer som enten Følelseløse, Følelsekalde eller Følelsevarme. Verre er det med riktigheten av svaret hvis man skal beskrive seg selv.

April 2014

UVITENHET

Å "uttrykke seg mot bedre vitende" er betydelig utbredt.

Oktober 2013

YTRINGSFRIHET

Ytringsfrihet betyr ikke at fordi om man har en mening om ett eller annet så må man alltid gi uttrykk for den, sette ting på spissen og stå på barrikadene for den.

April 2013

BUREAUCRACY
Bureaucracy is a brake-pad in the modern society.

July 2018

HANDSHAKE
Stretch out a Hand in good faith - make contact. Response is not needed, but appreciated-you know you have tried. But it must be done with honest feeling.

PATIENT AND IMPATIENT
The Patient is waiting with a smile - while the Impatient rises and gets stressed.

January 2019

OTHERS AND YOURSELF
Don't look at what others do -
Do what <u>you</u> think is right.

January 2019

BYRÅKRATI
Byråkratiet er en bremsekloss i det moderne samfunnet.

Juli 2018

HÅNDTRYKK
Strekk ut en Hånd i god mening - ta kontakt. Svar er ikke nødvendig, men verdsettes - du vet du har prøvd. Men det må gjøres med ærlig følelse.

TÅLMODIG OG UTÅLMODIG
Den Tålmodige venter med et smil - mens den Utålmodige hisser seg opp og blir stresset.

Januar 2019

ANDRE OG DEG SELV
Ikke se på hva andre gjør -
Gjør det <u>du</u> synes er riktig.

Januar 2019

PASSIONATE
You never get tired of what you are Passionate about.

January 2019

PEACE OF MIND
Peace of Mind is a blessing.

January 2019

PEACE
The most important Peace is the feeling of inner balance.

January 2019

INNER PEACE
With Inner Peace it`s easy to forward a bit of the feeling.

January 2019

LIDENSKAPELIG
Man går aldri trett av det man er lidenskapelig opptatt av.

Januar 2019

FRED I SINNET
Fred i Sinnet er en velsignelse.

Januar 2019

FRED
Den viktigste Fred er følelsen av indre balanse.

Januar 2019

INDRE FRED
Med Indre Fred er det enkelt å gi litt av følelsen videre.

Januar 2019

GOOD IDEAS

A myriad of people have as Good Ideas as yours. Become one of those who do something about yours by bringing them to life.

January 201

ASSERTIVE

The Assertive rarely listens to others and thus often become single-minded.

January 2019

INFLUENTIAL AND UNAFFECTED

The Influential can be guided - while the Unaffected sail in his own see.

January 2019

PATIENCE AND EXPECTATIONS

Patience becomes less the greater the Expectations one has.

January 2019

GODE IDEER

Et utall mennesker har like Gode Ideer som dine. Bli en av dem som gjør noe med dine ved å sette dem ut i livet.

Januar 2019

PÅSTÅELIG

Den Påståelige lytter sjelden til andre og blir derfor lett ensporet.

Januar 2019

PÅVIRKELIG OG UPÅVIRKELIG

Den Påvirkelige lar seg lede - mens den Upåvirkelige seiler i sin egen sjø.

Januar 2019

TÅLMODIGHET OG FORVENTNINGER

Tålmodigheten blir mindre jo større Forventninger man har.

Januar 2019

PRESTIGIOUS AND TOUCHY
The Prestigious often exposes himself as Touchy.

January 2019

PATIENCE AND EXPECTATIONS II
If we could all be a little more conscious about not giving other reasons to test their Patience, much in everyday life would be better.

January 2019

INSULT
People who let themselves be offended - should find other ways to shield themselves.

January 2019

STUPIDITIES
Others stupidity you can do nothing about - but try to avoid yours.

January 2019

PRESTISJEFYLT OG NÆRTAGENDE
Den Prestisjefylte blottstiller seg ofte som Nær-
tagende.

Januar 2019

TÅLMODIGHET OG FORVENTNINGER II
Hvis vi alle kunne være litt mer bevisste når det gjelder å ikke gi andre grunn til å sette sin Tål-modigheten på prøve, ville mye i dagliglivet bli bedre.

Januar 2019

FORNÆRMELSE
Mennesker som lar seg fornærme - bør finne an-dre veier å skjerme seg selv på.

Januar 2019

DUMHETER
Andres dumheter kan man ikke gjøre noe med - men sine egne bør man unngå.

Januar 2019

CRITICISM II
Criticism is a good guide for the intelligent.

January 2019

CLOSED AND OPEN HAND
"Nothing enters a Closed Hand", is a well-known rule of thumb I appreciate - but would like to make more understandable.
An Open Hand embraces widely - while a Closed rejects all insight.

January 2019

LOOKING EYES
We are all crazy seen with someone's Eyes.

January 2019

RESPECT FOR NATURE
People with built-in Respect for Nature are usually good people.

2015

KRITIKK II
Kritikk er en god ledesnor for den intelligente.

Januar 2019

LUKKET OG ÅPNE HÅND
"Det slipper intet inn i en Lukket Hånd", er en kjent leveregel jeg setter stor pris på - men gjerne vil gjøre mer forståelig.
En Åpne Hånd favner vidt - mens en Lukket avviser all innsikt.

Januar 2019

ØYNE SOM SER
Vi er alle gale sett med noens Øyne.

Januar 2019

RESPEKT FOR NATUREN
Mennesker med innebygget Respekt for Naturen er som regel gode mennesker.

2015

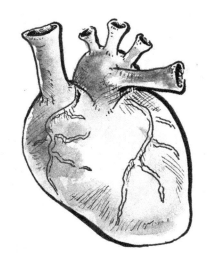

Hjertet
Heart

Laura Hamborg

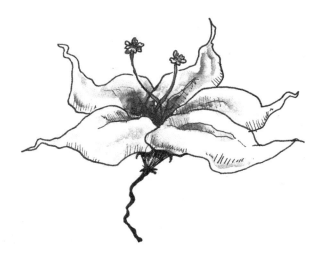

Hemmeligheter II
Secrets II

Laura Hamborg

ARROGANCE
Arrogance is a congenital trait that is difficult to get rid of and which is usually not particularly sympathetic.

January 2019

IMAGINE IF ONE COULD SAY
I will always love what for me was your good sides.

January 2019

ASSUMPTION AND KNOWLEDGE
Assumption can never win over Knowledge.

January 2019

KNOWLEDGE AND ASSUMPTION
Knowledge never loses against Assumption.

January 2019

ARROGANSE
Arroganse er en medfødt egenskap som er van-
skelig å bli kvitt og som normalt ikke er særlig
sympatisk.

Januar 2019

TENK OM MAN KUNNE SI
Jeg vil alltid elske det som for meg var dine gode
sider.

Januar 2019

ANTAGELSE OG VITEN
Antagelsen kan aldri vinne over Viten.

Januar 2019

VITEN OG ANTAGELSE
Viten taper aldri mot Antagelsen.

Januar 2019

TOLERANCE II
It costs, but you don't lose much of yourself by being Tolerant.

2018

RESPECT FOR TIME
Lack of Respect for other people's Time is a serious weakness.

January 2019

PAST AND FUTURE
If you know the Past, the Future becomes more valuable. The comparison gives better understanding.

February 2019

COOPERATION-DEALS
The biggest challenge with Cooperation-deals is the Cooperation.

February 2019

TOLERANSE II

Det koster, men man mister ikke så mye av seg selv ved å være Tolerant.

2018

RESPEKT FOR TIDEN

Mangelen på Respekt for andre menneskers Tid er en alvorlig svakhet.

Januar 2019

FORTID OG FREMTID

Kjenner man Fortiden blir Fremtiden mer verdifull. Sammenligningen gir bedre forståelse.

Februar 2019

SAMARBEIDSAVTALER

Den største utfordring med Samarbeidsavtaler er Samarbeidet.

Februar 2019

THOUGHTFULNESS
Thoughtfulness is a virtue that can provide good feedback.

April 2019

SIMILARITY
No matter who we are, we must all have a boss.

February 2019

THE INTERMEDIARY
In our ruthless world, the Intermediary will always be in an exposed position.
Not necessarily for poor performance.

February 2019

GOOD SERVICE
Never underestimate the importance of Good Service at all levels of the organization.

February 2019

OMTENKSOMHET
Omtenksomhet er en dyd som kan gi god tilba-
kemelding.

April 2019

LIKHET
Uansett hvem vi er må vi alle ha en sjef.

Februar 2019

MELLOMLEDDET
I vår skruppelløse verden vil Mellomleddet all-
tid være i en utsatt posisjon.
Ikke nødvendigvis for dårlig innsats.

Februar 2019

GOD SERVICE
Undervurder aldri betydningen av God Service
i alle nivåer av organisasjonen.

Februar 2019

FUN AND BORING

What is Fun for some -
can be Boring for others.

February 2019

VISION

Who has Visions to satisfy everyone in society -
should never be authorized to reign.

February 2019

JUDICIARY

I reckon that The Judiciary System does not use
words as "of course" or "obvious".

February 2019

SPONTANEITY II

Daily life is spiced up by Spontaneity.

1995

MORO OG KJEDELIG
Det som er Moro for noen -
kan være Kjedelig for andre.
Februar 2019

VISJON
Den som har Visjoner om å tilfredsstille alle i
samfunnet - bør aldri bli gitt fullmakt til å re-
gjere.
Februar 2019

RETTSVESENET
Jeg regner med at Rettsvesenet ikke benytter
ord som "selvsagt" eller "innlysende".
Februar 2019

SPONTANITET II
Dagliglivet krydres av Spontanitet.
1995

THREAT IN THE DEMOCRACY

Allowing all "ideological extreme" in the world to express themselves in social media results in uncontrollable and irreparable situations.

Democracy gives, as far as I understand, no precise definition of "ideological extreme", so this challenge cannot be solved.

In dictatorial societies, this is naturally no problem.

One of the challenges of Democracy is therefore to find solutions that do not discriminate against "ideological extreme" when it comes to adapting freedom of speech, a privilege we all should have.

February 2019

TRUSSEL I DEMOKRATIET

Lar man alle "ideologisk ekstreme" i verden få uttrykke seg i sosiale medier, resulterer det i ukontrollerbare og ureparerbare situasjoner.

Demokratiet gir, så vidt jeg forstår, dessverre ingen presis definisjon på "ideologisk ekstreme", så derfor kan denne utfordringen ikke løses.

I diktatoriske samfunn er dette naturlig nok intet problem.

En av Demokratiets utfordringer blir derfor å finne løsninger som ikke virker diskriminerende for "ideologisk ekstreme", når det gjelder tilpasning av ytringsfriheten, et privilegium vi alle skal ha.

Februar 2019

BRIDGING

Theory and practice must be united.

Theory is of invaluable importance, but only makes sense when it is made known to the practitioner.

February 2019

WAITING

"Whoever is Waiting for something good does not Wait in vain" is a well-known proverb.

What about the one Waiting for something, but being unaware of the outcome.

Waiting can be very stressful.

February 2019

THE IMPORTANCE OF THE TRIFLE

It is unwise to underestimate the Trifle. How short isn't the distinction between success and failure, victory and loss, joy and sorrow? It's the tiny little Trifle that often makes the difference. Therefore, it is so significant.

1994

BROBYGGING

Teori og praksis må forenes.

Teori er av uvurderlig betydning, men får kun mening når den gjøres kjent til praktikeren.

Februar 2019

VENTING

"Den som Venter på noe godt venter ikke forgjeves", er et vel kjent ordspråk.

Hva så med den som Venter på noe, men er uvitende om utfallet.

Venting kan være svært stressende.

Februar 2019

BAGATELLENS BETYDNING

Det er uklokt å undervurdere Bagatellens Betydning. Hvor kort er ikke skillet mellom suksess og fiasko, seier og tap, glede og sorg. Det er nemlig den bitte lille Bagatellen som ofte gjør utslaget. Derfor er den så betydningsfull.

1994

SECURITY AND FREEDOM

Many choices are taken in the span between Security and Freedom.

2017

CURIOSITY ABOUT LIFE

One can well be Curious about Life and at the same time have a nature that is nailed to the earth.

2017

DEVELOPMENT AND TIME

In describing the Development of others over Time, it is crucial to remember that one has undergone a parallel Development and has also changed in the process.

2017

TIME II

Time can be both friend and enemy.

2017

TRYGGHET OG FRIHET

Mange valg blir tatt i spennvidden mellom Trygghet og Frihet.

2017

NYSGJERRIGHET PÅ LIVET

Man kan godt være Nysgjerrig på Livet og samtidig ha en natur som er spikret til jorden.

2017

UTVIKLING OG TID

I beskrivelsen av andres Utvikling over Tid, er det avgjørende å huske at man selv har gjennomgått en parallell Utvikling og også har forandret seg i prosessen.

2017

TIDEN II

Tiden kan være både venn og fiende.

2017

THE INEXPLICABLE

One may well be concerned with the Inexplicable without there being anything unnatural in it.

2017

GRAVITY

The fact that "The apple does not fall far from the trunk" should be obvious, as Newton's theory is all about Earth's Gravity which makes the apple fall straight down from the tree.

February 2019

NEGLECTING THE PAST

Neglecting the Past's realities weakens the future.

February 2019

MY ANSWER

"Please, don't make fun of an old fart".

February 2019

DET UFORKLARLIGE
Man kan godt være opptatt av det Uforklarlige uten at det er noe unaturlig i det.

2017

TYNGDEKRAFTEN
Det at "Eplet ikke faller langt fra stammen", burde si seg selv, ettersom Newtons teori nett-opp dreier seg om jordens Tyngdekraft, den som gjør at eplet faller rett ned fra treet.

Februar 2019

NEGLISJERING AV FORTIDEN
Neglisjering av Fortidens realiteter svekker fremtiden.

Februar 2019

MITT SVAR
"Vennligst ikke gjør narr av en gammel tomsing".

Februar 2019

NEWS

The saying that "No News is good News", is more a hope than reality. No News is nothing but a prolongation of information.

February 2019

THE MIRROR

Everyone thinks they can see themselves.
In the Mirror it's correct, but only there.
You can never see what others see in you.

February 2019

ABOUT DISPLACING

One would think that everything went well if one could Displace the evil and focus on the good.
But evil is sometimes necessary to really appreciate the good.

February 2019

NYHETER

Tesen om at "Ingen Nyheter er gode Nyheter", er mer et håp enn virkelighet. Ingen Nyheter er bare en utsettelse av informasjon.

Februar 201

SPEILET

Alle tror de kan se seg selv.
I Speilet er det riktig, men kun der.
Du kan selv aldri se det andre ser i dag.

Februar 2019

OM Å FORTRENGE

Man skulle tro at alt ble bra hvis man kunne Fortrenge det onde og fokusere på det gode.
Men det onde er til tider nødvendig for virkelig å verdsette det gode.

Februar 2019

COMPROMISE II

If the parties are not completely out of balance,
Compromise should be possible to reach.

2013

THE UNFORESEEN

"Always be prepared for the Unforeseen" is a
well- known rule of life.
Many have faced great challenges because of be-
ing unprepared for the Unforeseen.

February 2019

FROM CRADLE TO GRAVE

From Cradle to Grave we never get an answer to
why it went like it went.

February 2019

SUPERFLUOUS

A book about Superfluous technical remedies -
would fill more than the Bible,

February 2019

KOMPROMISS II

Hvis partene ikke er helt ute av balanse, bør det være mulig å oppnå kompromiss.

2013

DET UFORUTSETTE

"Vær alltid parat for det Uforutsette" er en kjent leveregler.
Mange har møtt store utfordringer som et resultat av å være uforberedt på det Uforutsette.

Februar 2019

FRA VUGGE TIL GRAV

Fra Vugge til Grav vi får aldri et svar-
på hvorfor det gikk som det gikk.

Februar 2019

OVERFLØDIG

En bok om Overflødige tekniske remedier - ville fylle mer enn Bibelen,

Februar 2019

Speilet
The mirror

Laura Hamborg

Tiden II
Time II

Laura Hamborg

JUSTICE AND COINCIDENCE

Justice does not always happen as a result of our attitudes.

I believe more in the interaction between Justice and Coincidence.

February 2019

JUSTICE AND UNFAIR

It would be interesting to know how much of the population has the same definition of Justice, and what percentage think the world is Unfair.

February 2019

HOBBY-HORSE

The Hobby-Horse, figuratively, I am thinking of, has no legs and do least damage when hanging on the wall.

February 2019

RETTFERDIGHET OG TILFELDIGHET

Rettferdighet skjer ikke alltid som et resultat av våre holdninger.
Jeg tror mer på samspillet mellom Rettferdighet og Tilfeldighet.

Februar 2019

RETTFERDIG OG URETTFERDIG

Det ville være interessant å vite hvor stor del av befolkningen som har samme definisjon av Rettferdighet og hvor stor prosent som mener verden er Urettferdig.

Februar 2019

KJEPPHESTEN

Den Kjepphesten, i overført betydning, jeg tenker på, har ikke ben og gjør minst skade når den henger på veggen.

Februar 2019

SURVIVORS OF SEX ABUSE

The expression "Survivors Of Sex Abuse" is completely misleading. The overwhelming majority of those having been abused have never been in danger for their life. They are however victims of Sex Abuse, which is terrible enough, but don't call them "Survivors Of Sex Abuse", it only weakens the sympathy for them.

February 2019

ATTITUDE CHANGE

As long as the one-sided phrase, "What can I make of it?" Is always given first priority, no valuable progress is made.

"What can I contribute?", in a sensible balance with "What can I make of it" is a better way forward.

February 2019

PEACE II

The road to peace is long - and there are no short-cuts.

February 2019

OVERLEVENDE ETTER SEXMISBRUK

Uttrykket "Overlevende Etter Sexmisbruk" er fullstendig misvisende. Det overveldende flertall av dem som har blitt misbrukt, har aldri vært i fare for livet. De er imidlertid ofre for Sexmisbruk, som er forferdelig nok, men ikke kall dem "Overlevende Etter Sexmisbruk", det svekker bare sympatien for dem.

Februar 2019

HOLDNINGSENDRING

Så lenge den ensidige frasen: "Hva kan jeg tjene på det?" alltid får første prioritet, skjer ingen verdifulle fremdrift.
"Hva kan jeg bidra med?", i fornuftig balanse med "Hva kan jeg tjene på det" er en bede vei fremover.

Februar 2019

FRED II

Veien til fred er lang - og det finnes ingen snarveier.

Februar 2019

SYMPATHY

It doesn't help to complain about being sick -
if you are not susceptible to help.
Sympathy will fail.

February 2019

CHANGES

Big Changes happens the moment you realize
you are no longer at the height of memory.

February 2019

PRIDE AND ARROGANCE

If people looked more closely at how the encyclopedia describes Pride and Arrogance, and
had these burdensome traits left behind, many
would be perceived as far more sympathetic.

February 2019

SYMPATI

Det hjelper ikke å beklage seg over at man er syk
- hvis man ikke er mottagelig for hjelp.
Sympatien uteblir.

Februar 2019

FORANDRINGER

Det skjer store Forandringer i det øyeblikket du
innser at du ikke lenger er på høyden når det
gjelder husken.

Februar 2019

STOLTHET OG HOVMOD

Hvis flere så nærmere på hvordan oppslags-
verket beskriver Stolthet og Hovmod og fikk
lagt bak seg disse belastende egenskapene, ville
mange bli oppfattet som langt mer sympatiske.

Februar 2019

CONCERN II

Being told: "Just don't think about it", in response to a concern, is hopeless.
Everyone has thoughts swirling around our heads, whether real Concerns or those we construct or encourage.

2017

ENTHUSIASM

When a message is conveyed with Enthusiasm, it has a multiple effect

.

2017

NATURE AND BALANCE

In Nature the Balance is determined by the strongest - and then it's not a matter of balance, but about "The survival of the fittest".

2017

BEKYMRING II

Å bli fortalt: "Bare ikke tenk på det", som svar på en Bekymring, er håpløst.

Alle har tanker som svirrer rundt i hodet, enten det gjelder reelle Bekymringer eller de som vi oppkonstruerer eller fremmaner.

2017

BEGEISTRING

Når et budskap fremføres med Begeistring, får det mangedobbelt virkning.

2017

NATUR OG BALANSE

I Naturen bestemmes Balansen av de sterkeste - og da er det vel egentlig ikke snakk om Balanse, men om "Overlevelse for den sterkeste".

2017

HEART

What causes us to have only one Heart when several of our other organs are duplicated?

Imagine that our most important organ, the one making us stay alive, is totally alone, without any form of "back up".

The answer is, in my opinion, clear:

"There is a limit".

2016

COOPERATION

What makes us people unique in relation to animals is not that we Cooperate. Many animal species do that as well, but the difference is that those having that ability, only use it in defence and attack. Defence to ensure existence and attack to secure its territory.

2017

HJERTET

Hva er årsaken til at vi bare har ett Hjerte, når flere av våre organer er dublert?

Tenke seg til at det viktigste organ vi har for å holde oss i live står helt alene, uten noen form for "sikkerhetskopi".

Svaret er etter min mening klart:

"Ett sted går grensen".

2016

SAMARBEID

Det som gjør oss mennesker unike i forhold til dyr, er ikke at vi Samarbeider. Det kan mange dyrearter også, men forskjellen er at de som har den evnen, stort sett bare benytter den i forsvar og angrep. Forsvar for å sikre eksistensen og angrep for å sikre sitt revir.

2017

FEAR

When Fear sets in you are afraid of something, and if you are afraid of something you Fear it. Does that mean you Fear what you are afraid of? It all ads up.

2015

TOUCHY II

Being Touchy is human, but clearly a weakness. I can't with my best will see anything positive in being Touchy, even though it's very common.

2015

EVALUATION

You are Evaluated based on your actions and behaviour.
If you have the attitude that you don't care about that, you can't expect anything but a negative attitude towards your personality.

2018

FRYKT

Når Frykten setter inn er man er redd for noe,
og er man redd for noe så Frykter man det.
Betyr det at man Frykter det man er redd for?
Det stemmer alt sammen.

2015

NÆRTAGENDE II

Å være Nærtagende er menneskelig, men be-
stemt en svakhet. Jeg kan ikke med min beste
vilje se noe positivt i at et menneske er Nærta-
gende, selv om det er svært vanlig.

2015

BEDØMMELSE

Du Bedømmes på bakgrunn av din handlings
og væremåte.
Har du den holdning at det bryr du deg ikke
om, kan du heller ikke forvente annet enn gene-
rell negativ holdning til din personlighet.

2018

CONSIDERATE

It does not take much to be perceived a Considerate person.

Don't expect a diploma for being Considerate. The most valuable gain you can get is the good feeling of knowing you are generally a Considerate person.

SIMILARITY II

No one but yourself decides who will be your top boss.

2019

NEWS - CRISIS MAXIMIZING

It is rare if at all it happens that one is told that the information presented is the worst example and perhaps the only one. The information source has done nothing illegal by failing to tell us that in the vast contexts, only the worst examples are focused upon.

November 2018

HENSYNSFULL

Det skal lite til for å bli oppfattet som en Hensynsfull person.

Ikke forvent en diplom for din Hensynsfullhet. Den mest verdifulle gevinst du kan få er god-følelse av å vite at du generelt er et Hensynsfullt menneske.

LIKHET II

Ingen andre enn deg selv bestemmer hvem som skal være din øverste sjef.

2019

NYHETER - KRISEMAKSIMERING

Det er sjelden hvis det i det hele tatt skjer, at man blir meddelt at informasjonen som presenteres er den verste og kanskje den eneste. Informasjonskilden har jo ikke gjort noe ulovlig ved å unnlate å fortelle oss at i de fleste tilfeller er det kun de verste eksempler det fokuseres på.

November 2018

INTEREST
Showing Interest in others and what they represent is an important factor in social communication.

June 2019

ADAPTATION
Showing Adaptability will always be considered positive.

March 2019

PERSONAL RADIANCE
Where the Personal Radiance gets free play, no other heat sources is needed.

February 2019

NATURE II
Nature is the strongest power in the world.

February 2019

INTERESSE
Å vise interesse for andre og det de representerer er en viktig faktor i sosial kommunikasjon.
Juni 2019

TILPASNING
Å vise Tilpasningsevne vil alltid bli sett på som positivt.
Mars 2019

PERSONLIG UTSTRÅLING
Når den Personlige Utstrålingen får fritt spillerom, trengs ingen andre varmekilder.
Februar 2019

NATUREN II
Naturen er verdens sterkeste kraft.
Februar 2019

HUMANS AND NATURE
There should be no competition between Humans and Nature.
Cooperation is the only way forward

February 2019

SPONTANEITY I
To act quickly can make a profit, but also bring risk.

March 2019

BUSINESS
Why should you get more back than you have given for a product or service, if you haven't made added value to the product you sell.

February 2019

WORLD FAITH
Data is our new God, but never forget the God your faith represents.

March 2019

MENNESKER OG NATUREN
Det skal ikke være konkurranse mellom Mennesker og Naturen.
Samarbeid er den eneste veien fremover

Februar 2019

SPONTANITET I
Å handle raskt kan gi gevinst, men også medføre risiko

Mars 2019

FORRETNING
Hvorfor skulle man få mer tilbake enn man har gitt for en vare eller tjeneste, hvis man ikke har foredlet produktet man selger.

Februar 2019

VERDENS TRO
Data er vår nye Gud, men glem aldri den Gud din tro representerer.

Mars 2019

LUCK

I sympathize with the fact that, in many contexts, one can influence one's own Luck, but make a reservation that it applies to lottery, gambling or similar.

February 2019

CLASS CONSCIOUSNESS

Class Consciousness is by no means the same as discriminatory class difference.

March 2019

COMPANY LOGO

A Company Logo is like a nation's flag for the people and should be a focal point for all employees in a company or organization.

2016

IMAGINATION AND REALISM

The Imagination has no limits - but in everyday life one must learn to balance it with Realism.

LYKKE

Jeg sympatiserer med at man i mange sammenhenger selv kan påvirke sin egen Lykke, men tar forbehold om at det gjelder i lotteri, gambling og lignende.

Februar 2019

KLASSEBEVISSTHET

Klassebevissthet er ikke på noen måte det samme som diskriminerende klasseforskjell.

Mars 2019

FIRMALOGO

En Firmalogo er som en nasjons flagg for folket og bør i den sammenheng være et samlingspunkt for alle medarbeidere I et firma eller organisasjon.

2016

FANTASI OG REALISME

Fantasien har ingen grenser - men i hverdagen må man lære seg å balansere den med Realisme.

PROBLEMS - CHALLENGES
Replacing Problems with Challenges sounds much more positive.
Facing Challenges triggers the imagination, while dealing with Problems may seem little inspiring.

IMAGINATION III
It does not help to let go of your Imagination if you have already put the brakes on, either in the form of a not open attitude, or that you focus on problems instead of challenges that can be solved.

TO SPEAK WITH THE WALL
Not everyone saying they have spoken to the wall is right.

March 2019

STRONG ISSUE
"You're not the only one to regret this."

March 2019

PROBLEMER - UTFORDRINGER

Erstatter man Problemer med Utfordringer lyder det mye mer positivt.

Står man overfor Utfordringer trigges fantasien, mens møtet med Problemer kan synes lite inspirerende.

FANTASI III

Det hjelper ikke å slippe fantasien til hvis man allerede har satt bremsene på, enten i form av en ikke åpen innstilling, eller at man fokuserer på problemer istedenfor utfordringer som kan løses.

OM Å SNAKKE MED VEGGEN

Ikke alle som sier at de har snakket med veggen har rett.

Mars 2019

STERKT UTSAGN

"Du er ikke den eneste som kommer til å angre på dette."

Mars 2019